BEI GRIN MACHT SICH IH
WISSEN BEZAHLT

- Wir veröffentlichen Ihre Hausarbeit,
  Bachelor- und Masterarbeit

- Ihr eigenes eBook und Buch -
  weltweit in allen wichtigen Shops

- Verdienen Sie an jedem Verkauf

Jetzt bei www.GRIN.com hochladen
und kostenlos publizieren

Waldemar Spomer

Auswirkungen der Umstellung eines SAP Business Warehouse auf SAP HANA

GRIN Verlag

Bibliografische Information der Deutschen Nationalbibliothek:

Die Deutsche Bibliothek verzeichnet diese Publikation in der Deutschen National-
bibliografie; detaillierte bibliografische Daten sind im Internet über http://dnb.d-
nb.de/ abrufbar.

Impressum:

Copyright © 2014 GRIN Verlag, Open Publishing GmbH
Druck und Bindung: Books on Demand GmbH, Norderstedt Germany
ISBN: 978-3-656-65588-6

Dieses Buch bei GRIN:

http://www.grin.com/de/e-book/273340/auswirkungen-der-umstellung-eines-sap-
business-warehouse-auf-sap-hana

GRIN - Your knowledge has value

Der GRIN Verlag publiziert seit 1998 wissenschaftliche Arbeiten von Studenten, Hochschullehrern und anderen Akademikern als eBook und gedrucktes Buch. Die Verlagswebsite www.grin.com ist die ideale Plattform zur Veröffentlichung von Hausarbeiten, Abschlussarbeiten, wissenschaftlichen Aufsätzen, Dissertationen und Fachbüchern.

Besuchen Sie uns im Internet:

http://www.grin.com/

http://www.facebook.com/grincom

http://www.twitter.com/grin_com

Auswirkungen der Umstellung eines SAP BW Systems auf SAP HANA

Fachbereich Informatik
Studiengang Wirtschaftsinformatik (Master)
Fachhochschule Worms

von Waldemar Spomer

Wintersemester 2013/2014

Inhaltsverzeichnis

Abbildungsverzeichnis

Tabellenverzeichnis

Vorwort

In der heutigen Zeit ändern sich die Anforderungen der Nutzer einer Data Warehouse Lösung hin zu immer performanteren Applikationen, die Daten in sekundenbruchteilen verarbeiten und bereitstellen können. Durch die stetig wachsenden Datenmengen in den Unternehmen wird es jedoch immer schwieriger den Anforderungen der Endnutzer zu entsprechen. Mit der **H**igh Performance **An**alytic **A**ppliance (HANA) versucht die SAP AG sich dieser Schwierigkeit zu stellen.

Das SAP Business Warehouse (SAP BW) ist ein zentraler Bestandteil der SAP NetWeaver Plattform. Als leistungsfähige Enterprise Data Warehouse Applikationsplattform bietet das BW flexible Reporting- und Analysewerkzeuge, wodurch Unternehmen in der Lage sind fundierte Entscheidungen auf der Grundlage dieser Analysen zu machen. Business Content der SAP und aus anderen Datenquellen kann in einem BW on HANA integriert und konsolidiert und durch die technologischen Neuerungen, die BW on HANA bietet in performanten analytischen Applikationen umgesetzt werden.

SAP HANA (HANA) ist eine neue Datenbank und eine Analyse-Engine. Die Daten liegen jetzt im Hauptspeicher und nicht mehr auf der Festplatte. Komplexe Berechnungen werden nicht mehr nur in der Anwendungsschicht durchgeführt, sondern immer stärker auf Datenbankebene. Durch diese Maßnahmen erhalten Queries und Reports einen signifikanten Geschwindigkeitszuwachs und Entscheidungen können auf einer aktuelleren und schneller verfügbaren Datenbasis getroffen werden. Somit macht es Sinn für Unternehmen sich mit den Vorteilen, die eine Migration auf SAP HANA mit sich bringt zu beschäftigen und sich über die Auswirkungen auf die bestehende Systemlandschaft Gedanken zu machen.

Diese Arbeit beleuchtet die Vorgehensweise und die Auswirkungen, die sich durch die Umstellung eines klassischen SAP BW Systems auf die SAP HANA Plattform ergeben, indem Aspekte wie Systemvorrausetzungen, Datenmodellierung und mögliche Auswirkungen auf bestehende analytische Applikationen betrachtet werden.

1 Grundlagen des SAP Netweaver BW

Dieses Kapitel gibt eine Einführung zu dem grundsätzlichen Aufbau des SAP Netweaver BW (SAP BW). Es werden aber nicht alle Aspekte des SAP BW in vollem Umfang betrachtet, sondern nur die Aspekte die wichtig für die Datenmodellierung sind.

Im Folgenden werden die Grundlagen zur Datenmodellierung im SAP BW skizziert, die im späteren Vergleich zur Datenmodellierung in SAP BW 7.40 on HANA für das Verständnis unerlässlich sind. Es wird die Architektur des SAP BW im Allgemeinen vorgestellt und insbesondere das Konzept der LSA (**L**ayered **S**calable **A**rchitecture), die als Referenzarchitektur für die Datenmodellierung in SAP BW vorgesehen ist.

1.1 Grundobjekte der Datenmodellierung

Bei der Modellierung eines Datenmodells gibt das SAP BW eine Menge an BW-Objekten[1] zur Auswahl vor. Die Objekte dienen zur Implementierung der Datenmodelle und in der Folge werden Ihre grundlegenden Eigenschaften und Einsatzzwecke vorgestellt.

Zunächst werden die InfoObjects als die elementaren Bausteine eines BW-Datenmodells vorgestellt, die zum Speichern von Stammdaten und Merkmalen dienen. Darauf aufbauend werden die sogenannten InfoProvider vorgestellt, diese dienen einmal zur physischen Speicherung von flachen Daten aber auch zur Organisation und Speicherung mehrdimensionaler Daten, um optimierte Strukturen für das Reporting erzeugen zu können. Um den Nachteil von physisch gespeicherten Daten, nämlich das Laden bzw. „Staging" der Daten, was eben zu einer zeitlichen Verzögerung der Datenbereitstellung führt, auszugleichen, stellt das BW die sogenannten VirtualProvider zur Verfügung. Diese ermöglichen es in (nahezu) Echtzeit auf die Daten zuzugreifen.

1.1.1 InfoObjects

InfoObjects sind Elemente aus denen sich ein DataProvider zusammensetzt. InfoCubes, DataStore-Objekte (DSOs), Multiprovider und InfoSets basieren also auf den im Vorfeld angelegten InfoObjects. InfoObjects können aber auch selbst als DataProvider Verwendung finden um die Erstellung von Stammdatenberichten, die auf Merkmalsattributen basieren, zu ermöglichen.

---

[1] Vgl. (Wolf & Yamada, 2010), S.91 ff.

Das SAP BW bietet verschiedene InfoObject-Typen an, welche im Folgenden charakterisiert werden:

- **Merkmals-InfoObjects** können verschiedene Werte eines Datentyps annehmen, die Merkmalsausprägung. Diese Menge an Werten beschreibt zulässige Ausprägungen eines Ordnungsbegriffs, z.b. Kunde, Kundengruppe, Land, Region, Geschäftsjahr, usw. Neben einem identifizierenden Schlüsselfeld enthält das InfoObject auch manchmal weitere Texte und beschreibende Attribute. Die Merkmale sind Kriterien nach denen sich die Kennzahlen eines Data-Providers auswerten und sortieren lassen. Wie oben bereits erwähnt kann das InfoObject auch als Auswertungsdatenbasis dienen.
- **Kennzahlen-InfoObjects** dienen der Speicherung von Zahlen, die Auswertungen in Berichten ermöglichen. Unterschieden werden Kennzahlen für Mengen, Beträge und Stückzahlen.
- **Einheiten-bzw. Währungs-InfoObjects** ergänzen Kennzahlen um eine Mengeneinheit oder Währung
- **Zeitmerkmale** dienen dazu einen Zeitbezug für die Auswertungen herstellen zu können, bspw. anhand von Kalenderjahr, Fiskaljahr, Kalendertag, Quartal usw.

Der Business Content[2] liefert eine Reihe vorgefertigter InfoObjects für bestimmte Zwecke aus. Diese InfoObjects erkennt man daran, dass ihr technischer Name mit 0 beginnt, z.b. 0CALYEAR für Kalenderjahr oder 0QUANTITY für Menge.

Wie bereits erwähnt dienen die InfoObjects zum Aufbau der verschiedenen InfoProvider. In der Folge werden die InfoProvider mit Ihren Besonderheiten beleuchtet.

1.1.2 DataStore-Objekte

DSOs definieren eine flache Datenstruktur, die InfoObjects zusammenfasst und ist mit einer Datenbanktabelle vergleichbar, die verschiedene Felder bzw. Spalten enthält. Jedoch kann das System, je nachdem welcher DSO-Typ verwendet wird, mehrere Tabellen erzeugen um die Typfunktionalität zu ermöglichen.

Folgende DSO-Typen werden von SAP BW zur Verfügung gestellt:

---

[2] Vgl. (Wolf & Yamada, 2010), S.199 ff

- Standard-DSO
- schreiboptimiertes DSO
- DSO für direktes Schreiben

Ein **Standard-DSO** besteht nicht nur aus einer Tabelle. Das System erzeugt zum einen eine Tabelle für die aktiven Daten, also für die aktuelle dem Reporting zur Verfügung stehenden Daten, eine Tabelle für die neuhinzugekommen Daten, die erst durch die Aktivierung in die für das Reporting verfügbaren Daten übernommen werden und das Change Log, dass alle Änderungen protokolliert.

Standard-DSOs ermöglichen nicht nur die Übernahme von Änderungen aus den neuen Daten in aktive Daten, es können durch den Abgleich von alten mit neunen Inhalten sog. Delta-Informationen erzeugt werden und somit die Veränderungen separat gespeichert werden.[3]

Die neunen Daten werden häufig auch als „Activation Queue" bezeichnet. Die folgende Abbildung zeigt die einzelnen Teilschritte beim Datenladen in ein Standard-DSO auf:

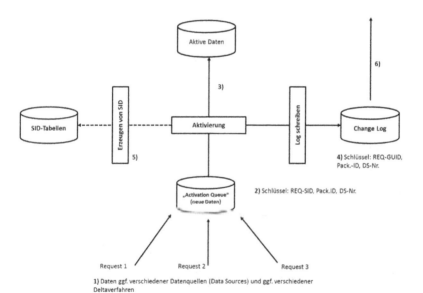

Abbildung 1: Schritte des Datenladens (Wolf & Yamada, 2010, S. 142)

---

[3] Vgl. (Wolf & Yamada, 2010), S.141 ff

Daten können aus verschiedenen Quellen parallel geladen werden 1). Hierbei können auch verschiedene Deltaverfahren zum Einsatz kommen. Die „Activation Queue" (neue Daten) speichert die noch zu aktivierenden Daten 2). Während des Aktivierungsprozesses werden Change-Log-Informationen generiert 4) und es werden auch SID-Werte für alle neuen Merkmalsausprägungen erzeugt 5). Darüber hinaus werden natürlich die aktiven Daten selbst um die neuen Daten erweitert 3). Das Change Log kann dazu dienen, weitere InfoProvider mit Delta-Informationen zu versorgen 6). Der Schlüssel der neuen Daten die SID der Request-Nr. und die Package-ID im Schlüssel, damit sichergestellt ist, dass der Aktivierungsvorgang parallelisiert werden kann, ohne das die Reihenfolge der Änderungen verändert wird.

Ein schreiboptimiertes DSO ist spezialisiert auf die Speicherung von Rohdaten. Der Aktivierungsmechanismus wird bei dieser Art von DSO nicht verwendet. Und es gibt keine Tabelle mit aktivierten Daten somit stehen die Daten direkt zur Verfügung. Der Haupteinsatzbereich für diesen DSO-Typ sind sog. „Pass-through-Szenarien": Durch das Wegfallen der Aktivierung können die Daten schnell „durchgereicht" werden. Somit kann man dieses DSO voll in den Datenfluss integrieren und eine Archivierung der Daten vornehmen und ein schreiboptimiertes DSO kann die Änderungshistorie über das Feld 0RECORDMODE vollständig und exakt abbilden und an im Datenfluss darüber liegende InfoProvider weitergeben.

DSO für direktes Schreiben sind anders als Standard-DSOs oder schreiboptimierte DSOs nicht vollständig in den Datenfluss integriert. Zwar können sie im Datenfluss als Quelle verwendet werden, das Beschreiben erfolgt aber über eine selbstentwickelte ABAP-Routine, über einen vordefinierten Funktionsbaustein oder mit dem Analyseprozess-Designer[4] (APD).

Zusammenfassend kann man folgende Einsatzzwecke darlegen:

-   Daten sollen quellsystemnah abgelegt werden
-   Daten sollen bereinigt und konsolidiert werden
-   Ergebnisse müssen zwischen gespeichert werden
-   Daten sollen auf Vorrat und möglichst allgemein abgespeichert werden

---

[4] Anwendung zur Erstellung und Ausführung von Analyseprozessen mit verschiedenen Analysemethoden, z.B. Regressionsanalyse, Entscheidungsbaum oder Cluster-Analyse

Der folgende Abschnitt betrachtet InfoCubes. InfoCubes stehen im Mittelpunkt der Datenhaltung im SAP BW bzw. einem Data Warehouse im Allgemeinen. Sie stellen die eigentliche Datenbasis für das Reporting und deren optimale Implementierung ist der auschlaggebende Faktor für die Akzeptanz seitens des Endanwenders.

1.1.3 InfoCubes

Ein Data Warehouse hat die Aufgabe für entscheidungsunterstützende Systeme eine Datenbasis zur Verfügung zu stellen. Auf dieser Datenbasis werden unterschiedlichste Anwendungen realisiert, von einfachen Standardberichten über Online-Analysen bis hin zu speziellen Analysen und Data-Mining Auswertungen. Im Besonderen stellt die Online-Analyse hohe Anforderungen an die Antwortzeiten der Berichte, die vor allem durch die geeignete Implementierung des Datenmodells beeinflusst werden. Wird auf aggregierte Daten oder auf einen großen Umfang an Daten zurückgegriffen, sollte eine flüssige Navigation durch die Daten mit möglichst kurzen Antwortzeiten gewährleistet werden. Hierzu kommt in einem Data Warehouse die OLAP[5]-Technologie zum Einsatz.

Der OLAP-Server ist eine Komponente des BW Servers. Er vermittelt zwischen Endanwender und der Datenbank indem er Frontend-Werkzeugen, sowohl SAP- als auch Drittanbieter-Werkzeugen, die multidimensional aufbereiteten Daten zur Verfügung stellt. Die Daten werden, soweit eben möglich, im Hauptspeicher vorgehalten und bei Bedarf aus der Datenbank nachgelesen. Für diese Verarbeitung ist insbesondere der OLAP-Prozessor verantwortlich.

Die folgende Abbildung[6] beleuchtet die Stellung und die Aufgaben des OLAP-Prozessors innerhalb der Datenverarbeitungsprozesse bei der Durchführung von multidimensionalen Analysen:

---

[5] Vgl. Online Analytical Processing, (SAP AG, Help - OLAP)
[6] Vgl. (Schröder, 2006), S. 256

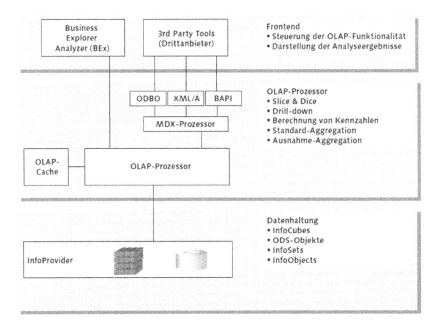

Abbildung 2: Integration des OLAP-Prozessors in SAP BW, Quelle (SAP AG, Help - OLAP)

Der Zugriff und die Darstellung der Daten erfolgt über den Business Explorer (BEx), Business Objects Tools oder anderen Abfragewerkzeugen von Drittanbietern. Für den Anschluss von Frontend-Werkzeugen stehen die folgenden Schnittstellen zu Verfügung:

- OLE DB für OLAP (ODBO)
- OLAP BAPI (Business Application Programming Interface)
- XML for Analysis (XML/A)

Die Schnittstellen stellen über die multidimensionale Abfragesprache MDX (MultiDimensional Expressions) Daten bereit und ermöglichen somit auch die wesentlichen Funktionen des OLAP-Prozessors, die in der folgenden Tabelle[7] aufgelistet sind:

---

[7] Vgl. (Schröder, 2006), S. 257

Tabelle 1: Ausgewählte Funktionen des OLAP-Prozessors

Funktion	Beschreibung
Filtern	• Selektion auf Merkmalswerte (Einzelwerte, Wertebereiche, Hierarchiewerte) einschränken und ausschließen (Slice)
Darstellung	• Resultate anzeigen/unterdrücken • Schlüsselwerte/Texte anzeigen
Berechnung/ Aggregation	• Standard-Aggregation, z.b. Summierung von Einzelwerten • Ausnahme-Aggregation (MIN, MAX, AVG)
Query- Performance	• Transparente Berücksichtigung von Aggregaten • Wiederverwendung von Query-Resultaten im Arbeitsspeicher (OLAP-Caching)
Datenstatus	• Transparente Berücksichtigung von Statusveränderungen in Daten (Anzeige korrekter und konsistenter Laderequests) • Transparente Berücksichtigung von Change Runs und Rollups
Schnittstelle	• Übersetzung von MDX-Kommandos aus Schnittstellen von Drittanbietern in OpenSQL • Übersetzung von Abfragen aus Analysewerkzeugen des Business Explorers

Ein klassischer Weg ein OLAP-fähiges Datenmodell in einer relationalen Datenbank abzubilden ist mit Hilfe eines „Star"-bzw. „Snow Flake"-Schemas, das den in SAP BW verwendeten InfoCubes zu Grunde liegt. Hier werden um eine zentrale Faktentabelle beschreibende Dimensionstabellen sternförmig angeordnet. Die Faktentabelle beschreibt die Kennzahlen und deren direkte Zuordnung zu allen wesentlichen Entitäten. Die Dimensionstabellen beschreiben die Entitäten näher und liefern weitere Zusatzinformationen. Da die Faktentabelle die eigentlichen Geschäftsdaten enthält und die Dimensionstabellen eigentlich nur beschreibende Merkmale, hat die Faktentabelle bei weitem mehr Einträge. Die performante Datenabfrage ist nur möglich, da durch Selektionskriterien die Abfrage zunächst auf den kleinen Datenbanktabellen (Dimensionstabellen) eine Vorselektion von relevanten Entitätsschlüsselwertpaaren stattfinden kann. Somit wird ein „Join" nur für relevante Datensätze vorgenommen. Dieser Vorteil geht verloren, wenn aufgrund von ungeeigneter Modellierung eine oder mehrere Dimensionstabellen zu groß werden. Um diesem Sachverhalt entgegen zu wirken hat die SAP ein erweitertes Star-Schema[8] bzw. Snow-Flake-Schema im SAP BW implementiert (s. Abbildung 3):

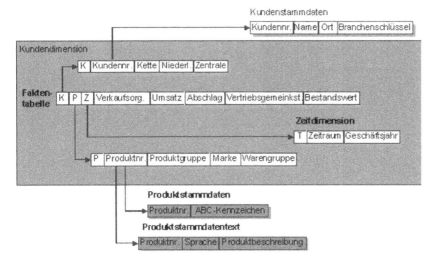

Abbildung 3: Erweitertes Sternschema SAP Quelle: (SAP AG, Help)

Hier halten die Dimensionstabellen selbst nicht die Stammdaten, sondern separate Tabellen sog. Stammdatentabellen. Hier wird eine Redundanzminimierung durch Normalisierung erreicht. Somit hat man beide Vorteile: eine Leseoptimierung und eine Speicherplatzoptimierung.

Nur das Datenmodell eines InfoCubes ist im Hinblick auf das performante Lesen von großen (Bewegungs-)Datenmengen optimiert. Daher kommt diesem Datenmodell in der Modellierung des Reporting Layers (siehe Kapitel 1.2) eine große Bedeutung zu.

Da InfoCubes Datenabfragen performant unterstützen sollen, dient hierzu im ersten Schritt die Modellierung in Form eines erweiterten Star-Schemas, wie oben bereits beschrieben, und die automatische Indizierung der entsprechenden Tabellen. Das SAP BW bietet aber noch zusätzliche Möglichkeiten[9] die Performanz des Cubes zu erhöhen:

- Modellierung kleiner Dimensionstabellen
- Bildung von Aggregaten

---

[8] Vgl. (SAP AG, Help - Erweitertes Starschema)
[9] Vgl. (Wolf & Yamada, 2010), S.151

- Komprimierung
- Partitionierung
- geeignete Parametrisierung des OLAP Cache
- gegebenenfalls Einsatz des BWA[10]

Die Queries (Datenabfragen) werden nicht direkt auf den InfoCube definiert, hierzu empfiehlt die SAP den Virtual Layer (siehe Kapitel 1.2) zu verwenden, also eine Schicht, die die sogenannten Virtual Provider vorhält. Diese Schicht speichert selbst keine Daten und hat nur Sichten auf den Datenbestand. Dies hat den Vorteil, dass bei (nahezu) Echtzeitdatenverbuchung, kein physischer Datenbestand für das Reporting aufgebaut werden muss und somit die Daten einfach schneller für das Reporting zur Verfügung stehen.

Abschließend kann man zusammenfassen, dass das SAP BW eine Vielzahl verschiedener DataProvider zur Verfügung stellt, wobei jeder einen spezifischen Einsatzbereich hat.

DSOs speichern die Daten in einer flachen Struktur um Daten Schritt für Schritt aufzubereiten. Standard-DSOs implementieren einen Mechanismus zum Aktivieren von Daten und zur Generierung von Delta-Informationen. Da DSOs nur bedingt als Basis für Berichte geeignet sind kommen an dieser Stelle InfoCubes zum Einsatz. Neben InfoCubes, die die Daten physisch vorhalten, gibt es noch Virtual Provider, die nur eine Struktur ohne eigene Datenhaltung beschreiben. In Abgrenzung zu Virtual Providern sind MultiProvider eine übergreifende Sicht auf mehrere InfoProvider (DSOs, InfoCubes, usw.). Stammdaten spielen die wichtigste Rolle in einem Datenmodell und es ist deshalb wichtig diese datenmodellübergreifend abzustimmen und zu harmonisieren.

Um die oben angesprochenen Aspekte zu standardisieren hat die SAP mit der Layered Scalable Architecture eine Referenzarchitektur entwickelt, die einen Rahmen für die Implementierung bereitstellt. Das Ziel der Referenzarchitektur ist die Implementierung zielgruppenorientierter und kundenindividueller gestalten zu können. Im nächsten Kapitel wird das Konzept der LSA vorgestellt.

---

[10] BWA – Der Business Warehouse Accelerator hält Datenindizes im Arbeitsspeicher vor und unterstützt so das schnellere Laden der Daten

1.2 Referenzarchitektur des SAP Business Warehouse – Layered Scalable Architecture (LSA)

Das vorhergehende Kapitel hat die einzelnen Bausteine eines BW-Datenmodells vorgestellt. Theoretisch kann man die einzelnen DataProvider gemäß seinen Anforderungen flexibel kombinieren, dementsprechend steigt auch die Anzahl möglicher Datenmodelle. Nun stellt sich die Frage welche Kriterien ein gutes Datenmodell ausmachen. Diese Frage versucht das Konzept der LSA[11] zu beantworten.

Die Referenzarchitektur der SAP berücksichtigt die Anforderungen an eine große Data-Warehouse-Implementierung. Hierzu gehören unter anderem die Anforderungen an eine hohe Verfügbarkeit des Systems (24/7), eine zeitnahe Bereitstellung der Daten mit hohen Datenvolumina und einer sich stetig ändernden Umgebung.

Die zentralen Bestandteile der Architektur bezeichnet die SAP als Grundgerüst (Landmark Building Blocks). Bestandteile dieses Grundgerüsts, die die spätere Implementierung grundlegend beeinflussen, sind:

- Schichten und Datenmodell
- Domänen
- Datenintegration

Zusätzlich zum Grundgerüst sind sogenannte Hilfsgerüste (Assistant Building Blocks) definiert und ergänzen die Landmark Building Blocks:

- Datenqualitätsprozesse
- BW-Landschaft
- Extraktion, Transformation, Load (ETL)
- Speicherung/Archivierung
- Organisation und Vorgehensweise
- Entwicklungs-Betriebsprozesse

Das Hilfsgerüst bestimmt die Architektur nicht in dem Maße wie das Grundgerüst dennoch werden die verschiedenen Themen kurz angeschnitten.

1.2.1 Schichtenmodell der Referenzarchitektur

Das Schichtenmodell der Referenzarchitektur besteht aus sieben bzw. acht (Virtualization Layer ist Bestandteil des Reporting Layer) Data-Warehouse-Schichten, wobei

---

[11] Vgl. (Wolf & Yamada, 2010), S. 162ff

jede Schicht eine bestimmte Aufgabe übernimmt. Jede Schicht bietet bestimmte Dienste (Services) an, die wiederum von anderen Schichten in Anspruch genommen werden können.

Die Referenz-LSA der SAP[12] definiert folgende Schichten, die von unten nach oben, also von der Datenquelle bis zum Datenziel, sortiert sind:

1. Data Acquisition Layer
2. Corporate Memory (Layer)
3. Quality and Harmonization Layer
4. Operational Data Store (Layer)
5. Data Propagation Layer
6. Business Transformation Layer
7. Reporting Layer (Architected Data Mart Layer)
8. Virtualization Layer (Multiprovider)

Die Abbildung 4 zeigt wie die einzelnen Schichten aufeinander aufbauen. Die grauen Schichten gehören zu den Enterprise-Data-Warehouse-Schichten (EDW), die unabhängig von einer bestimmten Analyseanwendung modelliert werden, um eine möglichst allgemeine Sicht auf die Daten zu schaffen. Die weißen Schichten sind dagegen anwendungsspezifisch und werden als Architected Data Mart (ADM) bezeichnet. Die Modellierung basiert auf spezifischen Reporting-und Analyseanforderungen. Der wichtigste Layer im ADM Bereich ist der Reporting Layer. Hier sind insbesondere abfrageoptimierte und leicht anpassbare Datenmodelle gefordert.

Die Datenflüsse in Abbildung 4 zeigen einen Standardweg[13] auf, der je nach Implementierungsanforderungen auch abweichen kann. Der Standardweg führt vom Quellsystem über den Data Acquisition Layer in den Data Propagation Layer 1). Danach 2) werden die Daten an den Reporting Layer übergeben. Der Quality and Harmonization Layer und der Business Transformation Layer werden nicht übersprungen, da es sich um eine logische Schicht handelt, in der die Daten nicht physisch abgelegt aber dennoch verarbeitet werden können. Die Daten können vom Data Acquisition Layer alternativ bzw. zusätzlich in das Corporate Memory geladen werden 3). Die gestrichelte Linie zeigt auf, dass es auch möglich sein muss die Daten aus dem Corporate Memory in den normalen Datenfluss wieder aufzunehmen 4). Wenn

---

[12] Vgl. (Wolf & Yamada, 2010), S. 165ff
[13] Vgl. (Wolf & Yamada, 2010), S. 165

die Daten vom Acquisition Layer in den Operational Data Store Layer übernommen werden **5)**, werden die Daten meistens nicht mehr in den regulären Staging-Prozess eingebunden und werden nach einiger Zeit gelöscht.

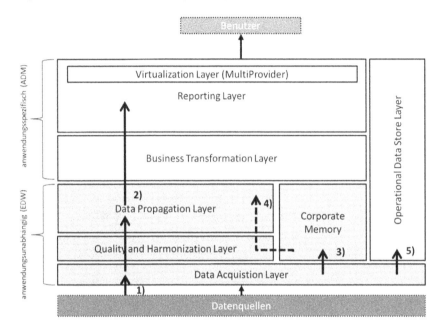

Abbildung 4: LSA-Referenzschichtenmodell Quelle: (Haupt, 2009)

In den folgenden Unterkapiteln werden die Schichten genauer beleuchtet.

1.2.2 Data Acquisition Layer

Diese Schicht stellt die Eingangsschicht für die Daten im BW dar. Hier werden die Rohdaten (nicht verarbeitet, wie im Quellsystem vorliegend) physisch gespeichert und für die anderen Schichten zur Weiterverarbeitung vorgehalten. An dieser Stelle ist das Hauptziel ein hoher Datendurchsatz um kurze Ladeprozesse zu fördern. Die Zeiten des Datenladens werden mit der Zeit immer größer, je nachdem wieviel Datensätze aus dem Quellsystem kommen. Zusätzlich können die Daten über verschiedene Länder bzw. Kontinente verteilt sein, sodass nur ein kleines Zeitfenster für Ladeaktivitäten zur Verfügung steht.

Der Data Acquisition Layer ist nicht zur Bildung einer Historie vorgesehen, da dies zur Folge hätte, dass man die Daten in ein DSO- oder PSA-(Persistant Staging

Area[14]) Objekt laden müsste, dort dann auf einmal viele Daten gespeichert werden müssten und dies den Ladeprozess ausbremsen würde. Daher dient das Corporate Memory als Schicht für die Historisierung. Da die Historisierung nicht für jedes Quellsystem gleich wichtig ist und viele Quellsysteme auch über eine Historisierung verfügen, muss die Historisierung im BW nicht unbedingt berücksichtigt werden. Ist dies nicht der Fall empfiehlt die SAP die Historisierung im Corporate Memory aufzubauen.

Welche Daten aus dem Quellsystem und insbesondere welche zusätzlichen Felder aus den Quelltabellen übernommen werden, hängt stark von der angestrebten Reportinglösung ab. Personenbezogene Daten spielen hierbei eine große Rolle, da auf Grund von Datenschutz die Datenübernahme seitens bspw. des Betriebsrates eher kritisch gesehen wird. Wichtig sind aber in diesem Zusammenhang die Berechtigungen um die Daten vor unbefugtem Datenzugriff zu schützen. Deshalb ist ein schlüssiges und lückenloses Berechtigungskonzept unabdingbar. Endanwender sollten aber dennoch nur auf die für die Berichterstellung vorgesehene Schicht (Virtualization Layer) zugreifen können, um nur für ihre Aufgaben vorgesehene Daten zu sehen.

1.2.3 Corporate Memory (Layer)

Das Corporate Memory dient dazu die Daten in unveränderter Form, in der sie zum Zeitpunkt des Ladens vorlagen, persistent zu speichern. Auf diese Weise wird ein „Unternehmensgedächtnis" aufgebaut. Die Daten werden im Corporate Memory nicht aufbereitet, Ausnahmen sind hier, dass eventuell das Quellsystem und gegebenenfalls der Ladezeitpunkt ergänzt werden. Dies geschieht aber schon im Data Acquisition Layer und wird dann im Corporate Memory übernommen.

Der Grund für die Datenablage in „Rohform" ist, dass sich Ableitungs- und Berechnungsregeln in den höheren Schichten ändern können, z.B. dass sich die Harmonisierungs-, Umschlüsselungs-, und Berechtigungsvorgänge ändern. Wenn die Verarbeitung komplex war (z.B. bei Ableitung von Teilschlüsseln), können die Datenbestände der oberen Schichten nicht neu aufgebaut werden. Ohne Corporate Memory können somit kein Neuaufbau für zukünftige Lösungen durchgeführt werden und der Gedanke der flexiblen Implementierung, d.h. es kann sich immer an den Lösungen etwas ändern, wäre verletzt.

---

[14] Eingangsablage für Daten aus dem Quellsystem, die Speicherung der angeforderten Daten erfolgt unverändert

Da sich aber ein hohes Datenvolumen, in der dem BW zugrunde liegenden relationalen Datenbank eher ungünstig auf die Performanz auswirkt, stellt das BW Techniken zur Verfügung das Datenvolumen zu verringern. Daten können teilweise auf ein Nearline Storage (NLS) ausgelagert werden und belasten in diesem Moment nicht mehr die Datenbank, bleiben aber dennoch kurzfristig erreichbar.

1.2.4 Quality and Harmonization Layer

Da die Daten in ihrer Rohform eher ungeeignet für Analysen sind, sollten sie einem Data Warehouse in der Regel aufbereitet werden. Die Daten werden aber nicht mit dem Ziel verändert speziellen Analyseanforderungen zu begegnen; dies ist Aufgabe der anwendungsspezifischen Schichten. Das Ziel ist vielmehr, die Daten so aufzubereiten, dass dem Data Propagation Layer integrierte, uniforme und qualitativ hochwertige Daten bereitgestellt werden. Die Aufgaben an dieser Stelle können vielfältig sein. Da Daten oft aus verschiedenen Quellsystemen kommen, müssen die Feldinhalte gegebenenfalls neu interpretiert werden um eine uniforme Sicht auf die Daten zu erhalten. Hier kommen sogenannte Mapping-und Lookup-Tabellen zum Einsatz mit denen gegebenenfalls Merkmalsschlüssel umgesetzt und zugeordnet werden können.

Meistens kommt der Quality and Harmonization Layer ohne eine physische Datenhaltung aus, da sich mithilfe von InfoSources[15] verschiedene Layerschichten definiert werden können. So können die Rohdaten in der Quellschicht und „sublimierte" Daten in der Zielschicht vorgehalten werden.

Mapping-und Lookup-Tabellen dienen dazu Gültigkeitsinformation (Historisierung) zu speichern, deshalb sollten sie historisiert und persistent abgespeichert werden, da sich das Regelwerk zur „Veredelung" der Daten ändern kann.

Je nach Implementierungsanforderung und je nachdem, ob Stamm- oder Bewegungsdaten geladen werden, kann der Quality and Harmonization Layer unterschiedliche Aufgaben wahrnehmen. Hier stellt das SAP BW mit Transformationsregeln, dem Formeleditor oder auch die Möglichkeit der Programmierung von Start-, End- und Expertenroutinen in ABAP mächtige Werkzeuge zur Verfügung. Reichen die Möglichkeiten des SAP BW nicht aus können auch andere ETL-Werkzeuge wie z.B.

---

[15] Vgl. (SAP AG, Help - InfoSources)

der SAP BusinessObjects Data Integrator[16] als ETL-Werkzeug eingesetzt werden. Dieses Werkzeug kann Daten aus verschiedensten Quellen integrieren und auch unstrukturierte Daten wie z.b. Emails, Textdateien, Webseiten, Verträgen, usw. verarbeiten und damit den Datenbestand anreichern.

1.2.5 Data Propagation Layer

Der Data Propagation Layer (Propagator) persistiert die aufbereiteten, harmonisierten und konsistenten Daten, um sie an die nachfolgenden Schichten zur Weiterverarbeitung übergeben zu können. Somit dient diese Schicht nicht direkt für das Reporting. Zweck dieser Schicht ist vielmehr die Datengrundlage für analytische Applikationen oder Architected Data Marts zu bilden. Diese Schicht ermöglicht den Aufbau bzw. die Erweiterung vorhandener Analysedatenbestände auf Basis der Daten aus dem Data Propagation Layer.

In der Reporting Schicht werden die Daten so ausgewählt und geladen, wie sie aus Sicht der Anwendung vonnöten sind. Durch die Beschränkung auf die nötigen Daten ist ein performantes Reporting überhaupt möglich. Um die Akzeptanz der Reportinglösung zu erhöhen, sollte die Implementierung recht flexibel gestaltet werden, damit Änderungen wie zusätzliche Anforderungen in kürzester Zeit umgesetzt werden können. Ohne einen breit gefächerten und historisierten Data Propagation Layer kann es sein das man bis zum Corporate Memory oder sogar bis in das Quellsystem zurückgehen muss um Datenladeprozesse anzupassen. Denn je mehr Schichten bei einer Anpassung betroffen sind, werden Änderungen komplexer und langwieriger, da der Transport der geänderten Objekte durch die Systemlandschaft koordiniert werden muss.

Stammdaten können sich im Lauf der Zeit ändern. Da eine historisch stabile Sicht auf die Daten ermöglicht werden muss, werden Bewegungsdaten um Stammdaten angereichert. Dies kann einerseits beim Füllen eines Analysedatenbestandes geschehen, kann aber sinnvoller auf der Data Propagator Ebene vorbereitet werden. Somit erfolgt das Stammdatenladen einmalig für den Propagator und muss nicht mehrfach (potenziell unterschiedlich) beim Aufbau von Analysedatenbeständen passieren. Der Vorteil ist hierbei, dass die Analysedatenbestände flexibler handhabbar sind und der Datenbestand bei Bedarf vollständig aus dem Propagator nachgeladen werden kann. Würde die Anreicherung erst beim Laden der Analysedaten passieren, so ginge die

---

[16]Vgl. (SAP AG - Products, 2009)

in den Bewegungsdaten abgebildete Historie der Stammdaten verloren oder man müsste umständlich einen zweiten Datenbestand pflegen, der diese Informationen enthält.

Der Propagator erleichtert zusätzlich auch die Abstimmung mit dem Fachbereich. Auf dieser Ebene können bereits Fragestellungen wie die Historisierung der Stammdaten geklärt werden, um Redundanzen in der Datenmodellierung zu vermeiden und Synergieeffekte zu erzeugen (im Sinne eines Architected Data Marts). Zentrale und möglichst einmalige Tätigkeiten wie Datenbeschaffung, Harmonisierung und Historisierung können an diesem zentralen Punkt diskutiert und geklärt werden. Die Granularität der Propagator-Daten entspricht in der Regel denen des Quellsystems und Aggregate sollten im Reporting Layer gebildet werden um Informationsverlusten vorzubeugen.

1.2.6 Business Transformation Layer

Der Business Transformation Layer bildet die Verbindungsschicht zwischen dem allgemeingültig modellierten Data Propagator und dem Reporting Layer. Zweck dieser Schicht ist es die Daten in der Form bereitzustellen, wie sie der Reporting Layer erwartet. Findet das Reporting auf aggregierten Daten statt, so ist die Aufgabe dieser Schicht die Daten zu aggregieren. Ferner werden auch anwendungsspezifische Berechnungen in dieser Schicht durchgeführt und entlasten somit die Reporting Schicht.

Die Modellierung des Business Transformation Layers erfolgt in Form von Standard-DSOs. Jedoch ist auch einen Verwendung von InfoSources[17] möglich. Ähnlich dem Quality and Haramonization Layer sind an dieser Stelle die Modellierungsentscheidungen stark von den Reportinganforderungen abhängig.

1.2.7 Reporting Layer (Architected Data Mart Layer)

Im Reporting Layer liegen die Daten bereits für die jeweilige Analyseanwendung aufbereitet vor. Reporting- und OLAP-Werkzeuge sowie Dashboards, aber auch Data-Mining-Anwendungen können an dieser Stelle Zugriff auf die Daten erhalten.

Aufgabe des Reporting Layers ist es die Daten performant zur Verfügung zu stellen und dabei die Analyseanforderungen optimal zu unterstützen. Somit sollten wie oben bereits beschreiben nur die nötigsten Informationsobjekte in dieser Schicht persistiert

---

[17] Vgl. (SAP AG, Help - InfoSources)

werden. Deshalb werden hier spezialisierte Datenbestände aufgebaut und im Gegensatz zum Data Propagation Layer versucht man nicht mit einem Datenbestand
möglichst viele Analyseanforderungen abzudecken. So kann zum Beispiel die Ablage
der Daten in unterschiedlicher Granularität sinnvoll sein um die Abfragen zu beschleunigen (für aggregierte Daten), da viele Analyseanforderungen auf unterschied-
lichen Detaillierungsgrad der Daten angewiesen sind. Da nicht jede Anwendung aggregierte Daten benötigt, kann für manche Detailauswertung auch ein DSO verwendet werden, das die Detaildaten in Listenform ausgibt.

Der Reporting Layer kann noch in weitere Unterschichten aufgeteilt werden wie in
Abbildung 5 aufgezeigt:

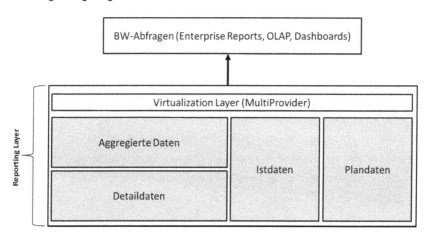

Abbildung 5: Sub-Layer des Reporting Layer Quelle: (Wolf & Yamada, 2010), S. 176

Hier kann man auch eine Trennung in Ist-und Plandaten vornehmen, was für die integrierte Planung (BI IP)[18] im BW unabdingbar ist.

Integriert in den Reporting Layer ist der Virtualization Layer, auf dieser Schicht erfolgt
in der Regel die Erstellung der Berichte. Dem Virtualization Layer wird einen hohe
Bedeutung beigemessen und sie wird im nächsten Unterkapitel näher betrachtet.

1.2.8 Virtualization Layer

In der Praxis werden Abfragen (Queries) nur auf Multiprovidern angelegt[19]. MultiProvider bilden eine virtuelle Schicht die keine Daten physisch vorhält, sondern Sichten

---

[18] (SAP AG, Help - BI integrierte Planung)
[19] (Wolf & Yamada, 2010)

auf die Daten definiert. Somit ermöglicht diese Schicht die zugrunde liegenden physischen Datenmodelle flexibel auszutauschen. Auf diese Weise kann die Neuanlage/Pflege von Query-Objekten bei Änderungen des Datenmodells vermieden werden, da die Aufwände der Anpassungen oft ziemlich ausufernd werden. Generell dienen die MultiProvider dazu, mehrere Datenbestände in einer Abfrage zu analysieren. So kann ein MultiProvider z.B. eine einheitliche Sicht auf Plan-und Istdaten schaffen, ohne dass die Datenbestände physisch zusammengeführt werden müssen.

Kleinere Datenbestände zu bilden und diese erst virtuell zusammenzuführen, kann zur logischen Untergliederung Sinn machen, hat aber auch Vorteile für die Performanz der Abfragen. Der OLAP-Prozessor kann die Abfrage in mehrere Teilabfragen aufteilen, die auf den beteiligten InfoProvidern parallel ausgeführt werden. Trotz der anschließenden Zusammenführung der Abfragen hat man hierbei einen signifikanten Performancegewinn.

Zweck der zuvor vorgestellten Schichten ist es die Reportingschicht mit Daten zu versorgen und einen flexiblen Unterbau zu erstellen. Die Datenanalyse im Reporting Layer basiert in der Regel auf aggregierten Daten. In speziellen Anwendungsfällen kann es aber nötig sein, große granulare Mengen nur kurzfristig zur Verfügung zu stellen. Hier kommt dann der Operational Data Store zum Einsatz.

1.2.9 Operational Data Store (Layer)

Ist nur eine Kurzfristige Datenspeicherung nötig, können die Daten nach erfolgter Auswertung wieder gelöscht werden. Dies bedeutet, dass wesentliche Services der LSA nicht benötigt werden, wie z.B. die Historisierung im Corporate Memory, Aufbereitung der Daten, oder die Anreicherung und Aggregation in optimierten Datenbeständen. Datenquelle für den Operational Data Store wird häufig das Quellsystem bzw. der Data Acquisition Layer sein. Die Daten werden nur für eine kurze Zeit für das Adhoc-Reporting zur Verfügung gestellt und dann gelöscht. Ein Anwendungsfall für dieses Szenario ist bspw. die Analyse von POS[20]-Daten/Kassendaten. Die Daten werden in dieser Granularität nur einmal benötigt und sind die Analyseergebnisse gespeichert, werden die Daten in dieser Granularität nicht mehr benötigt.

---

[20] POS – Point of Sale

1.2.10 Domänenbildung in der LSA

Ein Hauptziel der Datenmodellierung nach LSA-Prinzipien ist die Daten sehr schnell im Data Propagation Layer und somit auch im Reporting Layer zur Verfügung zu stellen. Deshalb wurde auch die Corporate Memory Schicht aus dem Hauptdatenfluss in eine eigene Schicht ausgegliedert, dies verhindert dass aus unnötig großen Datenbeständen gelesen und geschrieben wird. Zusätzlich kann man das Datenladen auch beschleunigen indem das Laden parallelisiert wird. Wird zum Beispiel aus verschiedenen Quellsystemen in unterschiedliche Datenziele gelesen, kann man bis zur Data Propagation Schicht parallele Datenstränge aufbauen, die sich nicht untereinander beeinflussen. Hat man in diesen Ladesträngen Fehler im Ladezyklus betrifft das die anderen Datenstränge nicht und die Daten sind zumindest ohne diesen fehlerhaften Ladezyklus für das Reporting verfügbar.

Zur Aufteilung des Hauptdatenflusses in verschiedene parallele Stränge nimmt man die Aufteilung der Daten in verschiedene disjunkte Teilmengen vor. In anderen Worten werden Domänen für die einzelnen Daten gebildet.

Die Aufteilung kann nach verschiedenen Kriterien erfolgen, z.B. nach den Tochtergesellschaften eines Konzerns, nach Regionen, nach Sparten usw. Ist keine „natürliche" Domänenbildung möglich kann auch nach „künstlichen" Aufteilungskriterien, wie z.B. Nummernintervallen die Domänenbildung vorgenommen werden. Abbildung 5 zeigt auf wie sich die Domänenbildung auf die LSA auswirken kann. Die Data Acquisition Layer ist nur dann unterteilt, wenn sich die Aufteilung bereits aus den DataSources ergibt (siehe gestrichelte Linie), z.B. weil die Daten je Quellsystem geladen werden. Diese Untergliederung zieht sich dann bis zum Reporting Layer durch und kann dann mithilfe von Multiprovidern zusammengeführt werden.

Die Modellierung der Fortschreibungsregeln ist ein Hauptaspekt der Domänenbildung. Durch die Domänen werden Ladestränge gebildet, die je Domäne aus identisch strukturierten InfoProvidern und Transformationen bestehen. Transformationsregeln können zusammengefasst werden und an einer zentralen Stelle gepflegt werden.

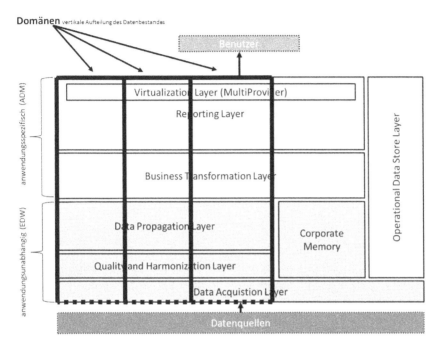

Abbildung 6: Bildung von Domänen in der LSA, Quelle (Wolf & Yamada, 2010) S.180

Die Domänenbildung kann einerseits aus technischer Sicht aber auch aus fach-
lich/inhaltlicher Sicht durchgeführt werden. Die inhaltliche Sicht unterstützt aber auch
die Trennung der Daten nach verschiedenen Quellsystemen. Hierzu weist die SAP
auf das EDW[21]-Konzept hin. Das EDW-Konzept sieht vor die Daten aus verschiedenen Systemen, z.B. aus Teilgesellschaften, zusammenzuführen und zu harmonisieren, um übergreifende Auswertungen zu ermöglichen. Andererseits können aber
auch Daten verloren gehen. Falls die Auswertung auf eine Tochtergesellschaft ab-
zielt, fehlen an dieser Stelle bereits die Daten und es können die lokalen Anforderungen nicht bedient werden. Wenn die Quellsystemdaten jeder Teilgesellschaft aber
jedoch schnell durch die Schichten bzw. über die Ladestränge geladen werden können, kann man dabei die zusätzlichen lokalen Anforderungen berücksichtigen.

Die Bildung von Schichten und Domänen sind zwei wesentliche Teile des LSA-
Grundgerüstes. Das nächste Kapitel widmet sich der in Kapitel 1.2 angesprochenen
Aspekte des LSA-Hilfsgerüsts.

---

[21] EDW – Enterprise Data Warehouse, unternehmensweite bzw. übergreifende Sicht auf die Daten

1.2.11 LSA-Hilfsgerüst

Das LSA-Hilfsgerüst behandelt ebenfalls Aspekte, die für die Ableitung einer Kunden-LSA wichtig sind. Je nach Implementierungsanforderungen können sich die einzelnen Themen in Inhalt und Umfang unterscheiden.

Datenqualitätsprozesse

Datenqualitätssicherungswerkzeuge könne eingesetzt werden, wenn die Qualität der Daten aus dem operativen Quellsystem nicht ausreichend ist. Datenqualitätssicherungswerkzeuge können grob in die folgenden drei Kategorien eingeteilt werden:

- Auditing
- Cleansing
- Migration

Auditwerkzeuge stellen sicher, dass die Daten bestimmten Anforderungen genügen, wobei die Anforderungen in Form von Geschäftsregeln (Business Rules) definiert werden und von diesem Werkzeug geprüft werden. Hierzu hat die SAP ein Framework entwickelt, das diesen und andere Aspekte abdeckt[22]. Ist das Quellsystem ein SAP ERP-System kann davon ausgegangen werden das dieses Werkzeug nicht gebraucht wird, jedoch macht diese Art von Datenverprobungen bei Eigenentwicklungen Sinn.

Cleansing-Werkzeuge dienen der Bereinigung von Daten. Der Einsatz erfolgt in der Regel im Zuge des „Staging" der Daten und somit kann im Rahmen der Fortschreibung ein Programm eingebunden werden das die Daten aufbereitet. In der Regel sind die Cleansing-Programme Eigenentwicklungen.

Die Entscheidung wie viele BW-Systeme und welchen Einsatzzweck die Systeme haben ist auch Bestandteil einer LSA. Werden bspw. Technologien wie der Near Line Storage oder der Einsatz des BWA in Erwägung gezogen, wird die Systemlandschaft immer komplexer. Somit sollte ein gut begründetes Referenzvorgehensmodell vorhanden sein um die Daten in die verschieden Systeme bei Änderungen migrieren zu können.

---

[22] (SAP AG, Help - BRFplus)

Extraction Transformation Load (ETL)

Werden viele Daten aus Fremdsystemen geladen (Non-SAP-Systemen) und die Da-
ten noch bereinigt oder aufbereitet werden, macht der Einsatz von spezialisierten
ETL-Werkzeugen Sinn. Neben zahlreichen 3rd-Party-Tools hat die SAP mit dem SAP
BusinessObjects Data Integrator[23] ein eigenes Werkzeug für diesen Sachverhalt im
Produktportfolio.

Migrationswerkzeuge dienen der Überführung von Datenbeständen bzw. ganzen Datenbanken in eine andere Datenbank bzw. Datenbestand. In speziellen Situation wie
bspw. beim Zusammenführen und Abgleichen von Stammdaten kann ein spezialisier-
tes Werkzeug sinnvoll sein (z.B. SAP BO Data Integrator).

Speicherung

Klassisch werden die Daten des BWs in relationalen Tabellen gespeichert (organisiert in RDBMS). Dies kann bei steigendem Datenvolumen zu längeren Antwortzeiten
im Reporting führen. Das Auslagernder Daten durch Archivierung oder Auslagerung
in das NLS kann die Antwortzeiten wieder senken. Im Gegensatz zur Archivierung ist
über das NLS immer noch ein Online-Zugriff auf die Daten möglichen. Auch im BWA
werden die Aggregattabellen nicht relational abgelegt. Es wird Index angelegt der
einen schnellen, wahlfreien Zugriff auf die multidimensionalen Daten erlaubt.

Organisation und Vorgehensweise

Das Thema BW/BI sollte in dem betroffen Unternehmen unbedingt kommuniziert
werden, denn somit kann einen nachhaltige Umsetzung der EDW-Architektur geför-
dert werden. Anforderungen aus den Fachabteilungen können nur effektiv umgesetzt
werden, wenn es auch einen abgestimmte Vorgehensweise gibt, die die zügige Be-
arbeitung und Umsetzung unterstützt.

Zusätzlich können **Entwicklungs-und Betriebsprozesse** umgesetzt werden, die
eine schnelle Implementierung/Remodellierung fördern. Diese Prozesse sind ebenfalls von den organisatorischen Anforderungen abhängig.

Ein anderer Aspekt, der hier noch erwähnt werden sollte, ist das Konzept der Namenskonventionen. Es sieht vor, dass pro Schicht und pro Domäne jedes Objekt ei-

---

[23] (SAP AG - Products, 2009)

nen Namen erhält, der auf den ersten Blick aufzeigt welche Funktion dieses Objekt hat. Deshalb können Namenskonventionen erheblich dazu Beitragen einen Architekturvorschlag durchzusetzen.

Wie oben bereits angesprochen ist die Datenhaltung das wichtigste Thema in einem Data Warehouse. Schnelle Verfügbarkeit der Daten und kurze Antwortzeiten der analytischen Applikationen haben eine hohe Priorität und sind Kernpunkte der High Performance Analytical Appliance der SAP. Die folgenden Kapitel beschäftigen sich mit den technischen Grundlagen von SAP HANA und im weiteren Verlauf insbesondere dem LSA++ Konzept, welches im Szenario SAP BW on HANA eine zentrale Rolle spielt.

2 Elemente SAP HANA Appliance und technischen Grundlagen der SAP HANA Datenbank

SAP HANA steht für High Performance Analytical Appliance und wurde auf der TechEd 2010 zum ersten Mal vorgestellt. Kern dieser Appliance ist die In-Memory Technologie[24], die unteranderem Echzeitanalysen hoher Datenaufkommen ermöglicht. Die Kombination aus zeilen- und spaltenorientierter Speicherung der Daten ermöglicht das volle Potenzial transaktionaler und analytischer Applikationen auszuschöpfen. Die Migration des SAP BW (siehe Kapitel 3) auf eine HANA Datenbank stellt sich als eher einfach dar. Größtenteils müssen keine oder nur geringe Anpassungen der bestehenden BW-Datenmodelle und Datenbestände vorgenommen werden. Das BW ist die erste Applikation der SAP, die die Vorteile der HANA in vollem Umfang nutzt. Berechnungen, die traditionell in der Applikationsschicht (ABAP) durchgeführt werden, finden jetzt auf Datenbankebene von sogenannten Calculation und Aggregation Engines statt.

Bestehende Frontend-Tools wie der SAP Business Explorer (SAP BEx), Mircrosoft Excel oder diverse SAP Business Objects Tools werden weiterhin unterstützt.

Die SAP HANA Appliance setzt auf folgende Technologien, die in der Folge kurz vorgestellt werden:

- In-memory Technologie
- zeilen- und spaltenbasierte Datenspeicherung
- Multi-Core Prozessoren
- Werkzeuge: HANA Studio und Modeler

2.1 In-Memory-Technologie

Mit der In-Memory Technologie ist eine vollständige Datenhaltung der Informationsobjekte im Arbeitsspeicher möglich, da die Daten aus der Remote-Datenbank in den lokalen Arbeitsspeicher des Servers geladen werden. Die Elemente der In-Memory-Technologie sind eigentlich nicht neu, aber der Preisverfall von Hardware und softwareseitige Innovationen ermöglichen ein sog. „Echtzeit-Unternehmen", das durch Realtime-Datenanalysen besser steuerbar wird.

---

[24] (SAP AG, Cookbooks, 2013)

2.2 Zeilen- und spaltenbasierte Datenspeicherung

Relationale Datenbanken nutzen typischerweise die zeilenbasierte Speicherung, wobei für die meisten analytischen Applikationen die spaltenbasierte Speicherung der Daten von Vorteil ist. Eine Datenbanktabelle wird in einer zweidimensionalen Struktur, bestehend aus Zellen, die in Zeilen und Spalten organisiert sind, abgespeichert (Abbildung 7).

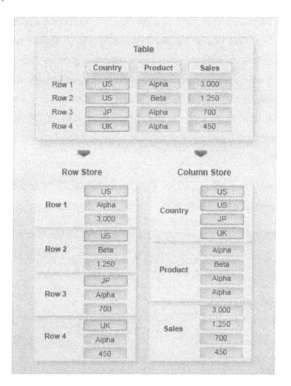

Abbildung 7: Zielen- vs. Spaltenorientierung (SAP AG, Cookbooks, 2013)

Da der Arbeitsspeicherzugriff linear strukturiert ist, gibt es zwei Möglichkeiten ein Datentupel in angrenzenden Arbeitsspeicherbereichen abzulegen[25]:

- **Zeilenorientiert:** Ein Datentupel besteht aus Feldern in einer Tabellenzeile
- **Spaltenorientiert:** Ein Datentupel besteht aus Feldern in einer Tabellenspalte

---

[25] Vgl. (Zeier & Plattner, 2011), S. 37-39

Die HANA Datenbank speichert Daten spalten- und zeilenorientiert, was der Datenbank durch diese Kombinationen einen erheblichen Geschwindigkeitsvorteil gegenüber traditionellen Datenbanken verschafft. OLAP-Queries auf große Datenmengen brauchen lange, da jede einzelne Zeile gelesen werden muss, um die Daten für die Abfrageantwort zu sammeln. In spaltenbasierten Tabellen sind die Informationen nebeneinander abgelegt und senken somit die Antwortzeit der Queries. Zusätzlich werden die Daten komprimiert, was zu kürzeren Ladezeiten führt.

Das folgende Beispiel in Abbildung 8 zeigt die unterschiedliche Nutzung von zeilen- und spaltenbasierter Datenspeicherung:

Abbildung 8: Unterschied zeilen- und spaltenbasierter Abfragen Quelle: (SAP AG, Cookbooks, 2013)

In der Abbildung 8 sieht man, dass spaltenbasierte Speicherung nützlicher für OLAP-Queries ist, weil diese Queries nur wenige Attribute eines jeden Datensatzes abfragen[26]. Aber bei traditionellen OLAP Queries ist es sinnvoller alle Attribute nebeneinander abzulegen. Um beide Vorteile zu nutzen kombiniert die HANA spalten- und zeilenbasierte Speicherung.

2.3 Multi-Core Prozessoren

Die Prozessorgeschwindigkeit hängt nicht mehr so sehr von der Taktrate der CPU ab, sondern von der parallelen Verarbeitung der Rechenoperationen in mehreren CPUs gleichzeitig. Moderne Server haben bereits mehrere CPUs mit jeweils mehreren Kernen im Einsatz. Die HANA Datenbank ist für die Nutzung eines Multi-Core-Systems optimiert und kann somit bei Queries einen hohen Grad an Parallelität erreichen und damit die Antwortzeit erheblich senken. Parallelität kann auf mehreren Ebenen erreicht werden, angefangen bei der Applikationsschicht bis zur Query-Ausführung auf der Datenbankebene. Die Verarbeitung von mehreren Queries zur selben Zeit wird von Multi-Thread-Applikationen gesteuert, wobei sie das Zuordnen jeder Query zu dem jeweiligen Prozessor übernehmen. Die Verarbeitung der Query schließt auch die Datenverarbeitung mit ein, d.h. dass die Abfragen auf der Datenbank auch parallelisiert werden müssen. Deshalb verteilt die HANA den Workload auf mehrere Kerne eines einzelnen Systems. Durch die spaltenbasierte Speicherung der Tabellen kann die Partitionierung der Daten und die parallele Verarbeitung besser durchgeführt werden und zusätzlich kann die HANA, wie bereits beschrieben, diese Vorteile auf jeder Architekturschicht nutzen.

HANA Studio und Modeler

Zusätzlich zu den oben genannten Technologien bietet die SAP HANA zwei wichtige Wergzeuge, das HANA Studio als Systemmanagement Applikation und den HANA Modeler für die Datenmigration und Datenoptimierung.

Im HANA Studio kann man die Datenmodellierung vornehmen und die Daten an die Systeme bereitstellen. Der HANA Modeler ist ein grafisches Datenmodellierungstool und wird dazu verwendet analytische Modelle zu entwickeln in dem er folgende Punkte unterstützt:

- ERP Metadaten Upload
- Extraktor Metadaten Upload

---

[26] (Wolf & Yamada, 2010) S.70 ff

Durch den Metadaten Upload können bestehende Quellsysteme schnell eingebunden werden und die Datenmodellierung für analytische Applikationen kann auf Basis der Quellsystem Metadaten implementiert werden.

Die vier oben erwähnten Punkte sind die Kernfeatures, die die HANA Appliance bereitstellt. In Kapitel 2.4 wird werden die technischen Grundlagen der Datenbank nochmals genauer betrachtet.

2.4 Technische Grundlagen der SAP HANA Datenbank

Die SAP HANA Datenbank ist eine Komponente der übergreifenden SAP HANA Appliance und stellt die Datenbasis für neuentwickelte und überarbeitete SAP Applikationen dar[27]. Die folgende Abbildung zeigt, dass die SAP HANA Appliance verschiedene Komponenten umfasst:

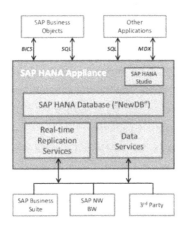

Abbildung 9: Komponenten der SAP HANA Appliance Quelle: (Färber, Kyun Cha, Primsch, Bornhövd, Sigg, & Lehner, 2011)

Wie oben bereits erwähnt, stellt die HANA Replikations- und Transformationsservices bereit, um Daten aus SAP- und Non-SAP-Systemen in die HANA zu laden, und Modellierungstools um die Business Modelle zu erstellen, die über die Zeit erweitert und verteilt werden können. Kern der Appliance ist die HANA Datenbank, deren Funktionen in der Folge beschreiben werden.

---

[27] (Färber, Kyun Cha, Primsch, Bornhövd, Sigg, & Lehner, 2011), S. 50

Die SAP HANA Datenbank unterscheidet sich von rein SQL-basierten relationalen Datenbanken. Die folgenden vier Punkte sind, laut SAP[28], die Eckpfeiler der HANA Datenbank:

- *Multi-Engine Query Processing Environment*: Um die Kernfunktionen der bestehenden Unternehmensanwendungen weiter zu unterstützen bietet die SAP HANA weiterhin vollen SQL-Support auf Basis von relationalen Tabellen. Doch immer mehr Applikationen benötigen nicht mehr nur strukturierte Daten, sondern auch teilweise- bzw. unstrukturierte Daten oder auch Textdaten. Hierfür stellt die HANA eine Text Search Engine als Ergänzung der klassischen relationalen Query Engine bereit. Zusätzlich kann die HANA semistrukturierte Daten zu strukturierten Daten dazu „joinen" und stellt eine grafische Engine bereit um z.B. Applikationen wie Produktionsplanung, Supply Chain Optimierung oder Social Network Analysen grafisch darstellen zu können und darauf aufbauen analysieren zu können.

- *Applikationsspezifische Business Objekte darstellen*: Die SAP HANA Datenbank kann sog. semantische Modelle der Business Objekte aus der Applikationsschicht erstellen und somit mehr Applikationssemantik auf die Datenbankebene verlagern. So kann man z.B. OLAP-Cubes mit Kennzahlen und Dimensionen auf der Datenbankebne registrieren.

- *Nutzung aktueller Hardware Trends*: Die HANA nutzt große Arbeitsspeicherbänke, Multikernprozessoren, Clustering, SSDs für die Speicherung, um einen gute Performanz der Datenbank zu gewährleisten. Die Design Richtlinie der HANA Datenbank ist Parallelität und Erweiterbarkeit.

- *Effiziente Kommunikation mit der Applikationsschicht:* Trotz der Idee immer mehr Applikationslogik in die Datenbank zu verlagern, muss die HANA immer noch effizient mit der Applikationsschicht kommunizieren können. Dies gelingt durch eine Shared-Memory-Kommunikation mit den Applikationsservern und durch die gegenseitige Ausrichtung der Datentypen untereinander.

Diese Features werden durch die Architektur der HANA Datenbank unterstützt. Die folgende Abbildung gibt eine Übersicht der Architektur der SAP HANA:

---

[28] (Färber, Kyun Cha, Primsch, Bornhövd, Sigg, & Lehner, 2011)

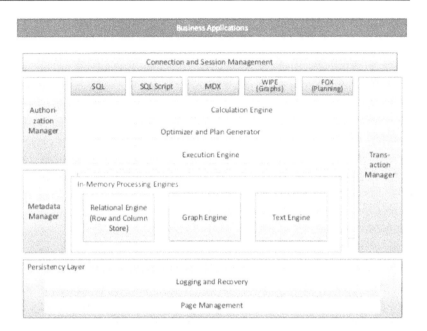

Abbildung 10: Architektur der SAP HANA Datenbank Quelle: (Färber, Kyun Cha, Primsch, Bornhövd, Sigg, & Lehner, 2011)

Die **Connection und Session Management Komponente** erzeugt und verwaltet die Sessions und den Verbindungsaufbau für die Datenbank-Clients. Sobald einen Session aufgebaut ist, können Datenbank-Clients SQL (via JDBC oder ODBC), SQL Script, MDX oder andere domänenspezifische Sprachen, wie die proprietäre SAP Sprache FOX für Planungsapplikationen, oder WIPE, das Graph Traversal und Manipulation mit aggregierten Daten und die Kommunikation mit der HANA erlaubt. SQL Script ist eine mächtige Skriptsprache mit der man applikationsspezifische Berechnungen innerhalb der Datenbank beschreiben kann. Der **Transaction Manager** koordiniert Datenbanktransaktionen im Sinne des ACID-Prinzips. Anfragen von Clients werden in der **Optimizer und Plan Generator** Schicht geparst und optimiert. Basierend auf dem Execution Plan ruft die **Execution Engine** die verschiedenen **In-Memory Processing Engines** auf und verteilt die Zwischenergebnisse an weiterfolgende Ausführungsschritte. Die mithilfe der verscheiden Abfragesprachen gestellten Abfragen werden in der **Calcualtion Engine** in ein spezielles „Caculation Model" kompiliert und von der Calculation Engine ausgeführt. Der **Authorization Manager** wird von anderen HANA Komponenten aufgerufen, um zu prüfen, ob ein Nutzer die nötigen Berechtigungen besitzt spezifische Berechnungen durchzuführen. Die Metadaten in der HANA Datenbank, wie z:B. Tabellendefinitionen, Views, Indizes und die Definitionen der SQL Script Funktionen, werden von dem **Meta Data Manager** durchgeführt. Die **Persistency Layer** ist für die Atomarität und Dauerhaftigkeit der Transaktionen verantwortlich, indem die Daten- und Log-Inhalte auf SSDs persistiert werden aber trotzdem über die bereitgestellten Schnittstellen verfügbar bleiben. Zusätzlich stellt die Schicht sicher, dass die Datenbank nach einem Neustart wiederhergestellt werden kann und dass Transaktionen komplett ausgeführt oder wieder zurückgerollt werden können.

Zusammenfassend kann man sagen, dass die SAP HANA Datenbank eine effiziente Lösung für große unternehmensübergreifende Applikationen darstellt. Es können transaktionale und analytische Datenbankanfragen (OLAP & OLTP) durchgeführt werden. Grafische Analysen mithilfe des Graph Traversal (Entscheidungsbäume u.ä.) sind möglich und es können mithilfe der Text Engine unstrukturierte Textdaten mit eingebunden werden. Die Ausnutzung der aktuellen Hardware Trends, die flexible Datenmodellierung und die immer größer werdende Verlagerung von Rechenoperationen auf die Datenbankschicht machen die SAP HANA Datenbank zu einer flexiblen Plattform für Datenhaltung, Manipulation und Analysen.

3 SAP BW on HANA

Im ersten Kapitel wurde die Layered Sclabale Architecture (LSA) vorgestellt. Diese Referenzarchitektur wird von der SAP als Vorlage für eine kundeneigene LSA propagiert. Mit der Umstellung auf BW on HANA gibt es komplett neue Möglichkeiten eine LSA aufzubauen, mit dem Hintergrund ein BW EDW (Enterprise Data Warehouse) zu unterstützen. Mit den In-Memory Fähigkeiten der HANA kann das BW eine offenere, logische Architektur mit weniger persistierten Daten und mehr Flexibilität und Skalierungsmöglichkeiten umsetzen. Hier wird seitens der SAP an einer neuen Referenzarchitektur gearbeitet, der LSA++. Die LSA++ ist eine Referenzarchitektur um ein EDW mit BW und HANA umzusetzen. LSA++ bietet viele Möglichkeiten ein BW EDW zu entwickeln und soll als ganzheitliches Framework für eine konsistente, operationale und agile BI dienen. Die SAP weist darauf hin, dass das LSA++ Konzept stetig weiterentwickelt wird. Deshalb sind die hier dargestellten Sachverhalte eine Momentaufnahme dieser Entwicklungen.

3.1 LSA ++ und SAP HANA EDW

Mithilfe der LSA++ Referenzarchitektur soll das Konzept des Enterprise Data Warehouse weiter entwickelt werden. Hierzu ist es nötig die LSA++ mit der LSA (siehe Kapitel 1.2) zu vergleichen.

Zusammenfassend kann man das BW EDW mithilfe der LSA als allgemein akzeptierten Ansatz (nicht nur für große Unternehmen) sehen, ein standardisiertes BI und Reporting auf allen Ebenen einer Organisation (lokal, regional oder global) auf derselben, konsistenten und allgemein gültigen Datenbasis (Foundation) aufzubauen, als sogenannte „single version of truth". Die folgende Abbildung stellt die LSA grafisch mit Ihren Schichten dar und zeigt auf welche InfoProvider für die einzelnen Schichten eingesetzt werden:

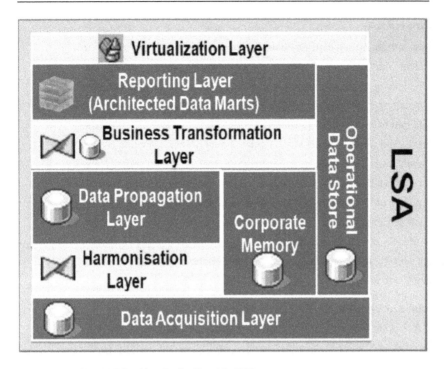

Abbildung 11: LSA mit InfoProvidern Quelle: (Haupt J. , 2012)

Das von Jürgen Haupt auf der TechEd 2012 vorgestellte Konzept der LSA++ ist eine Weiterentwicklung des LSA-Konzepts. Hierbei wird Komplexität aus der Schichtenarchitektur genommen und es werden die LSA++ Principal Layers vorgestellt:

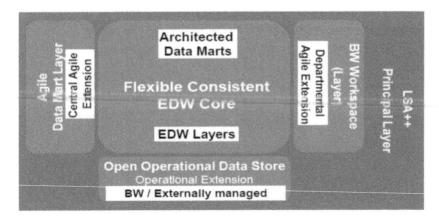

Abbildung 12: LSA++ Principal Layers Quelle: (Haupt J. , 2012)

Die „EDW Context Daten" bilden einen konsistenten und flexiblen Datenkern. Somit schafft man Transparenz, kann dort skalierbare Domänen abbilden und hat ein unternehmensweites Datenmodell. Die operationale Erweiterung des Datenkerns wird in dem Kasten links dargestellt. Hier können operative und Quellsystemdaten für weitere Analysen eingebunden werden. Der rechte Kasten steht für die agile Erweiterung der Daten. Hier können AdHoc-Lösungen gebaut werden oder auch „Productive Prototypes", die später in den EDW Kern umziehen können, einen Akzeptanz seitens der Endbenutzer vorausgesetzt. Diese sind in agilen Data Marts pro Bereich organisiert. Diese linken und rechten Kästen ersetzen bzw. verbessern den ODS (Operational Data Store)-Layer. Der Data Acquisition Layer wird durch den Open Operational Data Store Layer ersetzt. Diese Schichten werden von einer Virtual Layer umklammert. Aus diesen Überlegungen entsteht eine neue Darstellung der LSA++ Architektur, die wie in Abbildung 13 dargestellt werden kann:

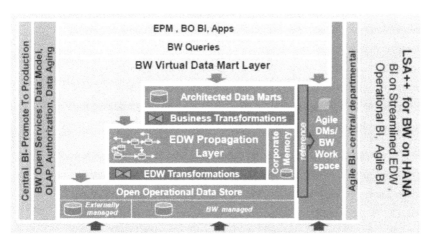

Abbildung 13: LSA++ als ganzheitliches Framework für BW on HANA (Haupt J. , 2012)

Der **Consistent EDW Core** besteht aus den folgenden Schichten:

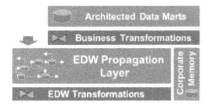

Abbildung 14: Consistent Flexible EDW Core

Der EDW Transformation Layer fungiert als Verbindung zwischen dem Quellsystem Datenmodell und dem EDW Datenmodell, wobei das EDW Datenmodell die Definitionen von dem Quellsystem Datenmodell erbt. Das EDW Corporate Memory hat dieselbe Funktion wie auch in der LSA und persistiert Daten, um ein Unternehmensgedächtnis zu schaffen. Der EDW Data Propagation Layer persistiert die Daten aus den Quellsystemen und hat dieselbe Funktion wie im LSA. Der Business Transformation Layer ist die Verbindung zwischen dem EDW Datenmodell und dem Data Mart Datenmodell. Der Architected Data Mart Layer persistiert Daten für bestimmte analytische Lösungen.

Der EDW Propagation Layer benutzt HANA optimierte DSOs, die folgende Vorteile bieten:

- Verbesserte Flexibilität, da die Lade- und Aktivierungszeiten dramatisch sinken

- Eine flexible Modellierung ist möglich und man hat eine umfassende Möglichkeit anderen Schichten Daten anzubieten

- Durch semantische Partitionierung und Domänenbildung können schon Überlegungen zu Datenvolumen während des Designs angestellt werden

- Erhöhte Flexibilität, da Queries durch die Virtualisierung den Propagation Layer direkt abfragen können

Für den LSA++ Architected Data Marts Layer ist der Einsatz von HANA optimierten InfoCubes oder von HANA optimierten DSOs empfohlen. Hier sollte überlegt werden, ob man InfoCubes überhaupt noch einsetzen will, da diese eigentlich nur die flachen Strukturen eines DSOs so optimieren, dass ein schnelles Reporting möglich wird. Wenn der Cube ansonsten keinen Mehrwert bietet kann man die flache Struktur abfragen, da die HANA hier auch auf große Datenmengen kurze Antwortzeiten garantiert. Zusätzlich ist ein HANA optimierter InfoCube auch eine flache Struktur, da die Dimensionen nicht mehr modelliert werden müssen. Hierzu wurden Tests durchgeführt die ergaben, dass Queries auf DSOs (SID-enabled) eine ähnliche Performanz aufweisen wie Queries auf InfoCubes. Das heißt aber nicht das InfoCubes in einem BW on HANA Szenario nicht mehr eingesetzt werden, da oft noch viel Business Logik in den einzelnen Entwicklungen steckt. Schätzungen behaupten aber, dass ca. 80% der Cubes nur für die Reporting Optimierung im Einsatz sind[29].

Durch die Nutzung eins BW CompositeProviders kann man Virtual Data Marts aufbauen, die LSA++ EDW Core InfoProvider kombinieren, dann tritt die Virtual Data Mart Schicht an die Stelle der Virtualization-Schicht. Die Virtual Data Mart Schicht beinhaltet alle InfoProvider, die

- Daten per Join oder Union zusammenführen, ohne das Ergebnis zu speichern: MultiProvider, CompositeProvider
- auf Daten in der SAP-HANA-Datenbank direkt zugreifen, um Queries darauf zu ermöglichen: TransientProvider auf SAP-HANA-Modell und VirtualProvider auf SAP-HANA-Modell

Sie bildet eine Klammer, die alle Persistenz-Schichten umfasst, wobei sie aber flexibel bleibt. Wenn man in der bisherigen BW-Modellierung mehrere DSOs in einen InfoProvider laden wollte, hat man die Relation („Join") über eine Transformation(sroutine) und/oder über das überschreiben in ein Ziel-DSO hergestellt. Ein MultiProvider hat oft den Reportinganforderungen nicht genügt, da dieser ein „Union" der Daten durchführt und kein „Join". Hier schafft der CompositeProvider Abhilfe. Ein CompositeProvider ist ein InfoProvider, der Daten aus mehreren Analytischen Indizes oder weiteren InfoProvidern zusammenführt (per Union, Inner Join oder Left Outer Join) und für Reporting und Analyse zur Verfügung stellt.

Mit BW 7.40 wird der Open ODS Layer eingeführt. Der Open Operational Data Store Layer ist die Eingangsschicht und beheimatet die Quellsystem-Daten (1:1), die entweder direkt in die HANA oder via SAP BW geladen werden. Die Daten werden via Extraktion, Real-Time Replikation oder Dateien in den Open ODS Layer gespielt. Der Open ODS Layer erbt in diesem Zuge die Datenmodelle und Dateninhalte des Quellsystems auf Feldebene. Die Kern Services des Open ODS Layers sind:

- **Integrationsservices** für Daten, die direkt an die HANA oder via BW geliefert werden: HANA Modeler Schemas können im BW konsumiert werden und umgekehrt und Daten die von HANA Modeler verwaltet werden können in das BW geladen werden und umgekehrt

---

[29] (Haupt J. , 2012)

- **Operational Data Services**: Sofortige Abfrage der Daten möglich (Query für Operational BI), kein „Staging" in den EDW Schichten mehr nötig
- **EDW Services**: Open ODS dient als Quelle für die EDW Schicht, mit Daten-konsistenzmanagement- (Delta), Datentransfer- (Staging) und Transformationsservices
- **Der Open ODS Layer kann auch nur als VirtualProvider in das EDW** eingebunden werden und somit hat man eine reduzierte Redundanz, Verantwortung und kann schrittweise das EDW aufbauen

Der BW Virtual Layer dient als Schicht die Daten zu integrieren und durch flexibles Umklammern der einzelnen Schichten ein Reporting zu ermöglichen. Dies wird in der folgenden Abbildung dargestellt:

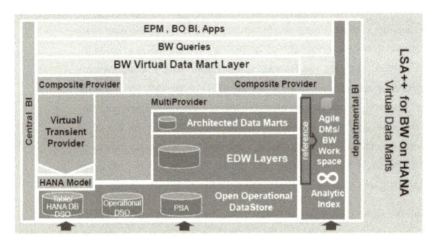

Abbildung 15: LSA++ Virtual Data Mart Layer Quelle: (Haupt J. , 2012)

Wie man sieht werden mit Hilfe von Multiprovidern die Daten aus dem EDW und den Architected Data Marts zusammengeführt. Mithilfe von Virtual und Transient Providern werden Daten direkt aus dem Open ODS Layer konsumiert und das ganze wird dann mit Hilfe von CompositeProvidern zu einer einheitlichen Sicht auf die Daten zusammengeführt.

Zusammenfassend kann man sagen, dass der flexible und konsistente Kern des EDW bestehen bleibt und LSA++ ihn mit speziellen Services für operationale und flexible Daten anreichert. Die Hauptunterschiede zur LSA sind:

- Queries auf DataStore-Objekten sind genauso schnell wie auf InfoCubes, daher können Queries direkt auf der Open ODS Schicht aufsetzen.
- Mithilfe von CompositeProvidern, die InfoProvider zusammenführen, können Virtuelle Data Marts definiert werden
- Durch spezielle VirtualProvider und TransientProvider kann man auf Daten in der SAP-HANA-Datenbank direkt zugreifen, um Queries darauf zu ermöglichen

Wie bereits zu beginn des Kapitels erwähnt befindet sich dieses Konzept noch in der Entwicklung und wird auch erst nach und nach mit den neuen BW Versionen ausgeliefert, die aber auch neue Features enthalten, die nicht direkt mit der Datenmodellierung in Zusammenhang stehen. Das nächste Kapitel beschreibt die Neuerungen die der Neue SAP BW Release in der Version 7.40 SP05 mit sich bringt.

3.2 Neue Features in SAP BW 7.40 SP05

Mit dem Release SAP BW 7.40 SP05[30], das im Dezember 2013 an die Kunden der SAP ausgeliefert wurde, wurden weitere Verbesserungen umgesetzt, die im Vergleich zu einem BW, das auf einer relationalen Datenbank läuft, einen Mehrwert für die Kunden ermöglichen. Die Abbildung 16 stellt die aktuelle (ungefähre) Umsetzung der Funktionalitäten im Vergleich zum BW on RDBMS dar.

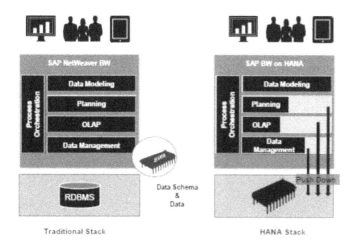

Abbildung 16: Vergleich traditioneller BW Stack mit HANA Stack Quelle: (SAP AG - BW on HANA, 2013)

---

[30] (SAP AG - BW on HANA, 2013)

Anhand der Grafik sieht man das datenintensive Funktionalitäten immer mehr an die HANA ausgelagert werden, um die Performancevorteile der In-Memory Technologie besser ausnutzen zu können. Hierzu wird der BW Analytic Manager eingeführt, der als OLAP Compiler für HANA dient. Zusätzlich werden HANA Analysis Prozesse eingeführt, die in der HANA implementiert sind und BW Transformationen werden dafür optimiert in der HANA umgesetzt.

3.2.1 Gemeinsame Entwicklungsumgebung auf Basis von Eclipse

Mit dem neuen Release führt die SAP eine einheitliche Entwicklungsumgebung ein. Diese soll eine einheitliche User Experience ermöglichen, indem sie eine zentralisierte, einheitliche Modellierungsumgebung zur Verfügung stellt. Somit hat man eine integrierte Modellierungs- und Entwicklungsumgebung für alle Entwicklungstools der SAP:

- SAP HANA Modeler
- BW Modeler (Modellierungstools für den Open ODS View und den neuen CompositeProvider)
- ABAP Entwicklungswerkzeuge

Die Entwicklungsumgebung sieht dann wie folgt aus:

Abbildung 17: Entwicklungsumgebung Eclipse Quelle: (SAP AG - BW on HANA, 2013)

Links sieht man den Project Explorer mit einem ABAP und BW Projekt. Oben Rechts sieht man einen CompositeProvider der Unions und Joins mit anderen BW Objekten durchführt. Unten rechts sieht man den ABAP Editor, hier können bspw. Routinen direkt programmiert werden.

3.2.2 Nahtloser Datenkonsum in einem EDW – Flexible Anbindung von unterschiedlichen Datenbanken

Mit dem Smart Data Access führt die SAP die Möglichkeit ein verschiedenste Datenquellen an die HANA anzubinden:

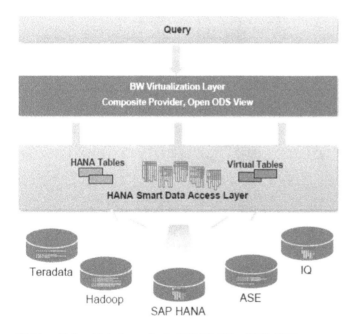

Abbildung 18: Smart Data Access Quelle: (SAP AG - BW on HANA, 2013)

Das bedeutet, dass ein lesender Zugriff auf relationale und nicht relationale Datenquellen via ODBC möglich wird. Ein „Remote"-Zugriff auf Daten ist dann so möglich als wären sie lokal vorhanden. Somit können z.B. andere Data Warehouses der HANA bekannt gemacht werden oder es können HANA Data Marts aus einer zweiten HANA konsumiert werden.

3.2.3 Eine verbesserte Datenmodellierung

Der **Open ODS Layer** kann einfach und flexibel externe Daten einbinden, indem er basierend auf den Felddaten ein Datenmodell erstellt. Somit können Querys direkt auf diesem Layer Abfragen stellen. Das InfoObject Modeling kann hiermit ergänzt oder ganz ersetzt werden, weil der Open ODS Layer hier die Metadaten auf feldebene erzeugt. Das ganze kann dann mit bestehenden BW Datenmodellen integriert werden.

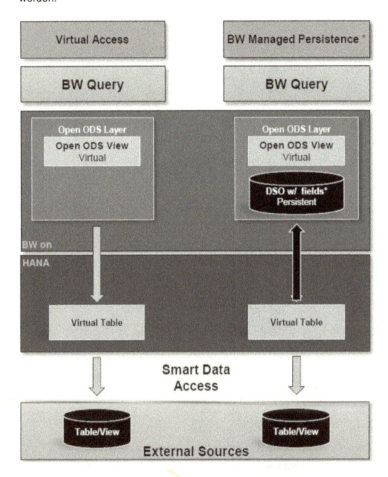

Abbildung 19: Open ODS Layer Szenario Quelle: (SAP AG - BW on HANA, 2013)

Der Open ODS View bietet neue Möglichkeiten. Virtuelle HANA Tabellen können als Quellen eingebunden werden. Virtuelle und persistente Datenhaltung sind möglich, sowie auch das Umschalten zwischen virtuellen und persistenten Tabellen. Ein direktes Laden in ein DSO, ohne die PSA zu benutzen, ist ebenfalls möglich. Semantische Gliederung der Objekte (Tabellen, DB Views Datenquellen) ist möglich indem man die Objekte als Text-, Master- oder Faktendaten klassifiziert. Einzelne Felder der Objekte können mit bereits bestehenden Open ODS Views oder InfoObjects verbunden werden.

Automatische Generierung von HANA Datenmodellen

Dieses Feature erweitert die Meta Daten Interoperabilität zwischen BW und HANA. Hierzu können aus dem BW Schema im HANA Modeler einen HANA Schema (View) erzeugt werden und umgekehrt. Somit können BW Daten direkt von HANA Views konsumiert werden.

InfoObject Modellierung

InfoObjects können jetzt eine Textlänge von über 60 Zeichen haben und bis zu 250 Zeichen lang werden. Merkmale können jetzt Texte in Überlänge enthalten mit dem neuen Datentyp 1333 (Option: ‚Long Text is XL'). InfoObjects mit hohen Kardinalitäten und extrem hoher Anzahl an Masterdaten, z.B. bei der Sales Invoice Analysis werden jetzt unterstützt, weil keine SIDs generiert werden und somit mehr als 2 Mrd. Datensätze geladen werden können. Diese speziellen InfoObjects können in DSOs verwendet werden und sind für Analysis und Planung freigegeben.

3.2.4 BPC NW „unified"

Es werden weitere Planungsfunktionen in die HANA überführt und somit ein Performancezuwachs im Planungsbereich erzeugt. Abbildung 19 zeigt diesen Vorgang schematisch auf. Es ist nun möglich HANA SQL Script basierte User Exits mit den Inhalten eines ABAP User Exits zu implementieren und so die Funktionalität in die HANA zu verlagern. Zusätzlich werden neue Planungsfunktionalitäten unterstützt, wie die physische Löschung von Planungsdatensätzen in einem DSO anstatt diese Fakteneinträge einfach auf 0 zu setzen.

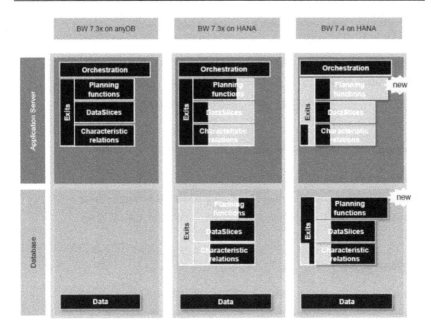

Abbildung 20: Evolution der Planung Quelle: (SAP AG - BW on HANA, 2013)

Zusätzlich will die SAP die drei Welten der Planung BW Integrierte Planung, BPC NW und HANA in eine neue Planungsanwendung das BPC NW ‚unified' integrieren und somit deren Funktionalitäten zusammenführen.

3.2.5 Verbessertes Mobile Enablement

Mithilfe von OData Services, die basierend auf http-Protokoll „Restful"-Datenzugriffe auf die Queries erlauben, vorausgesetzt es wurde im Query Designer festgelegt, dass ein OData-Service für die Query verwendet werden kann, kann über die Schnittstelle die Planung und das Reporting auf einem mobilen Gerät mit eigens entwickelten Anwendungen durchgeführt werden. Die bereitgestellte Schnittstelle entspricht der Standardspezifikation von OData und es können somit robuste und flexible mobile Applikation entwickelt werden.

3.2.6 Feature Übersicht

Die SAP gibt in der folgenden Abbildung eine Übersicht der Features die in 7.4 umgesetzt wurden und zeigt auf ob die Funktionalität nur für BW on HANA oder auch für das BW on RDBMS verfügbar ist:

Topic	Category	HANA only
Extension of max. char. Value	Renovation	
Extra long text	Renovation	
XXL Attributes	Renovation	
High-Cardinality InfoObject (SID-less InfoObject)	Renovation	
BW Modeling Tools in Eclipse (Composite Provider, Open ODS View	Metadata&Modeling	x
CompositeProvider	Metadata&Modeling	x
HANA Model Generation for BW InfoProvider	Metadata&Modeling	x
InfoObjects based on Calculation View	Metadata&Modeling	x
Inventory Keyfigures for DSO, VirtualProvider, CompositeProvider	Analytic Manager	x
OLAP Calculation push-down	AnalyticManager	x
OLAP Stock coverage keyfigure	AnalyticManager	x
OLAP FIX operator	AnalyticManager	
OLAP Multi-dimensional FAGGR	AnalyticManager	
OLAP Current Member	AnalyticManager	
PAK enhancements	AnalyticManager	x
Planning on local provider in BW Workspace	AnalyticManager	x
Planning function push-down	AnalyticManager	x
Planning ODATA & Easy Query extensions	AnalyticManager	
Planning Support on HANA views for facts and master data	AnalyticManager	x
Open ODS Layer – Open ODS View	EDW	x
Support of Smart Data Access	EDW	x
HANA Analysis Process	EDW	x
Transformation based on HAPs (In-Memory Transformations)	EDW	x
Field-based DataStore Objects	EDW	x
Bulk load capabilities	EDW	
Open Hub: Push data into a connected database	EDW	
Operational Data Provisioning - PSA becomes optional - renewed integration with SAP extractors and renewed BW data mart scenario	EDW	
Operational Data Provisioning : ODQ for SLT	EDW	
Operational Data Provisioning - Dataservices integration	EDW	
Data request house keeping	EDW	
OTP for Hierarchies: extract multiple hierarchies request by request from PSA into data target	EDW	
Monitoring integrated in DBA cockpit for Sybase IQ	NLS	

Abbildung 21: Featureübersicht und Platformverfügbarkeit SAP BW 7.40 Quelle: (SAP AG - BW on HANA, 2013)

Das folgende Kapitel beschreibt die Gründe für einen Migration auf ein BW on HANA und stellt ein Vorgehen dar wie diese Migration durchgeführt werden kann.

4 Migration des SAP NW BW auf die HANA Datenbank - Gründe, Vorgehen und Hardwareanforderungen

Ab SAP NetWeaver 7.3 SPS05 und SAP HANA SPS03 kann man die relationale Datenbank des SAP BW mit der HANA Datenbank austauschen. Nach der Migration benutzt das SAP BW die HANA als Datenbank und Datenbasis für die analytischen Applikationen. Die folgenden Tabelle stellt den klassischen Ansatz (BW on RDBMS) und den In-Memory Ansatz (BW on HANA) gegenüber und stellt die Vorteile der In-Memory-Lösung heraus[31]:

Tabelle 2: Gründe für die Migration auf BW on HANA

	BW on RDBMS	BW on HANA
Unzufriedenheit der Benutzer	Performance des Reportings ist langsam - Indizes, Aggregieren von Daten und Query Tuning nötig - BWA wird eingesetzt	Sehr schnelles Reporting - Keine Indizes, Aggregate, Tuning - Kein BWA nötig
Real-Time Data Access	Latenz von typischerweise 24 h	Datenzugriff in Real-Time Real Time Data Replication
Planning Performance	Langsame Planungsgeschwindigkeit Daten, Frequenz und Granularität ist begrenzt	Mehr und schnellere Planung möglich Berechnungen werden In-Memory durchgeführt
Data Loading Performance	Langsam und Komplex Ladezeiten von 8-12 Stunden typisch	Sehr kurze Ladezeiten Staging und Transformationen werden In-Memory durchgeführt
IT Maintainance	Administrationsaufwand hoch Indizes, Statistiken, Administration	Administrationsaufwand vereinfacht Keine Indizes oder Statistiken nötig
Modeling	Nicht flexible Modellierung Nicht trivial z.B. eine Dimension zu entfernen/hinzufügen oder Remodellierung von Cubes	Flexible Modellierung Keine materialisierten Schichten, macht Modellierung sehr agil und flexibel

---

[31] (SAP AG, Cookbooks, 2013)

Um die Vorteile nutzen zu können und die Migration erfolgreich umzusetzen schlägt die SAP ein Vorgehen vor, was in der Folge beschrieben wird.

Vorgehen

Die folgende Abbildung stellt das Vorgehen grafisch dar:

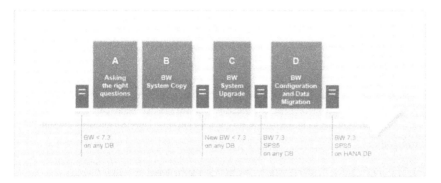

Abbildung 22: Schritte für die erfolgreiche Migration Quelle: (SAP AG, Cookbooks, 2013)

A. Bevor man technische Systemupdates oder Datenmigrationen in Erwägung zieht sollte sich die IT Abteilung folgenden Fragen stellen[32]:

- Welche Daten werden unter Verwendung des neuen Systems analysiert, z.B. Finanz- oder Verkaufsdaten? Welche Infoprovider sollten auf das BW on HANA System migriert werden?
- Welche Calculation Routinen, Customizations, Trigger und Loading Rules werden im neuen BW on HANA System nicht gebraucht?
- Welche Daten müssen nicht zwingend migriert werden?

B. Eine BW System Kopie anlegen

Dieser Schritt sieht vor die bestehende BW Instanz zu duplizieren und eine zweite Instanz als Sicherung aufzubauen mit demselben Content, Datenmodellen, InfoCubes und denselben Datenlademechanismen wie in der alten Instanz.

C. BW System upgraden

Die aktuelle BW Instanz muss mindestens auf die Version SAP Netweaver BW 7.3 SP7 upgedatet werden, bevor eine Datenmigration angestoßen wird. Dieser Schritt

---

[32] (SAP AG, Cookbooks, 2013)

sollte auch die Konvertierung der Daten in Unicode beinhalten und der ABAP Stack
sollte vom JAVA Stack getrennt werden.

D. Konfiguration des BW und Datenmigration

Der wichtigste Schritt ist die bestehenden BW Konfigurationen, die aktuellen Daten
und die Lademechanismen auf das neue BW on HANA zu migrieren. Hier sind vor
allem Calculation Routinen, Customization, Trigger, Loading Rules, InfoCubes und
Metamodelle wichtig. Je nachdem wie viel Datenvolumen der Content im BW ein-
nimmt, wird dieser Schritt die meiste Zeit in Anspruch nehmen.

Näheres zur Migration und wie diese durchgeführt werden kann, ist in einem Quick
Guide[33] der SAP AG dokumentiert.

Hardwareanforderungen

Die Speicheranforderungen einer HANA Datenbank hängen sehr stark von den operativen Bedingungen ab, die jedoch erst durch die Analyse des HANA selbst ermittelt
werden können. Hierzu stellt die SAP AG datenbankabhängige Skripte bereit, die
das Data-Dictionary, also den Katalog von Metadaten, analysieren und die Größe der
relevanten Quell-Datenbanktabellen berechnen. Damit die Migration noch weiter vereinfacht wird hat die SAP einen datenbankunabhängigen ABAP-Report veröffentlicht:
/SDF/HANA_BW_SIZING. Dieser Report ist in der SAP Note 173697[34] enthalten und
wurde mit SP07 ausgeliefert.

---

[33] (SAP AG, Quick Guide, 2013)
[34] (SAP AG, SAP Notes, 2013)

Fazit und zukünftige Entwicklungen

Laut Aussagen der SAP und steigt der Kundenmehrwert beim Einsatz von BW on HANA erheblich. Die Query Performance wurde erheblich gesteigert was zu einer besseren Entscheidungsfindung führt. Datenladeprozesse sind viel schneller und somit ist die Verfügbarkeit der analytischen Lösungen weiter verbessert worden. Durch die In-Memory-Technologie können auch Planungsanwendungen deutlich beschleunigt werden. Die flexible Kombination von EDW Daten mit HANA Daten in einem Real-Time Szenario verbessert die Entscheidungsfindung nochmals erheblich. Schichten in denen Daten persistiert werden, werden reduziert was einen geringeren Administrationsaufwand mit sich bringt. Die vereinfachte Datenmodellierung und Remodellierung führt dazu, dass Anwendungen schneller entwickelt und bereitgestellt werden können.

Wie in der Arbeit bereits dargestellt bietet ein BW on HANA einen großen Mehrwert und die Entwicklung ist noch lange nicht abgeschlossen. Die SAP weist darauf hin, dass die zukünftigen Entwicklungen, die bereits dargestellten, weiter verbessert und optimiert. Somit wird weiterhin die Datenmodellierung vereinfacht und erweitert. Es soll ein neues DSO Konzept eingeführt werden und der CompositeProvider mit weiteren Funktionen ausgestattet werden. Der Smart Data Access soll weiter ausgebaut werden, um noch mehr Quellsysteme zu unterstützen. Die Planungskomponente soll weiterhin verbessert werden. In zukünftigen Releases wird das Mobile Enablement weiter vorangetrieben und neue Cloud-Funktionalitäten sollen hinzukommen.

Es können ganz neue Anwendungen mithilfe dieser Technologien entstehen und somit bleibt die Entwicklung in diesem Bereich ein spannendes Feld.

Literaturverzeichnis

Färber, F., Kyun Cha, S., Primsch, J., Bornhövd, C., Sigg, S., & Lehner, W. (Dezember 2011). SAP HANA Database - Data Management for Business Application. *SIGMOD Record (Vol. 40, No. 4)*, S. 45-51.

Haupt, J. (11. März 2009). SAP Netweaver RIG BI EMEA. *The BW Layered Scalable Architecture (LSA)*.

Haupt, J. (August 2012). *SAP HANA as Driver of EDW Evolution: LSA++ (Layered Scalable Architecture) for BW on SAP HANA*. Abgerufen am Januar 2014 von SDN: http://www.sdn.sap.com/irj/sdn/go/portal/prtroot/docs/library/uuid/504ae0ba-52cf-2f10-969f-904b7268205a?QuickLink=index&overridelayout=true&56375740733162

SAP AG - BW on HANA. (23. Oktober 2013). *SAP BW 7.4 SP5 on HANA and further Roadmap*. Abgerufen am 29. Oktober 2013 von SAP Community Network: http://scn.sap.com/docs/DOC-35096

SAP AG - Products. (2009). *SAP BO Data Integrator*. Abgerufen am 10. Januar 2014 von http://www.businessintelligence.info/docs/bo/dataintegrator.pdf

SAP AG, Cookbooks. (2013). *BW on HANA Cookbook*. Abgerufen am 5. November 2013 von https://cookbook.experiencesaphana.com/bw/

SAP AG, Help - BI integrierte Planung. (kein Datum). *BI Integrierte Planung* . Abgerufen am 21. Januar 2014 von http://help.sap.com/saphelp_nw70ehp2/helpdata/de/43/0c033316cd2bc4e100 00000a114cbd/content.htm

SAP AG, Help - BRFplus. (kein Datum). *Business Rule Framework plus (BRFplus)*. Abgerufen am 12. Januar 2014 von http://help.sap.com/saphelp_nw70ehp2/helpdata/en/cc/85414842c8470bb19b 53038c4b5259/frameset.htm

SAP AG, Help - Erweitertes Starschema. (kein Datum). *Erweitertes Starschema*. Abgerufen am 10. Januar 2014 von http://help.sap.com/saphelp_nw70ehp2/helpdata/de/4c/89dc37c7f2d67ae1000 0009b38f889/content.htm?frameset=/de/b9/60c041a2236a24e10000000a155 0b0/frameset.htm

SAP AG, Help - InfoSources. (kein Datum). *InfoSources*. Abgerufen am 21. Dezember   2013   von http://help.sap.com/saphelp_erp2004/helpdata/de/90/64553c845ba02de10000 000a114084/content.htm

SAP AG, Help - OLAP. (kein Datum). *OLAP - Online Anlytical Processing*. Abgerufen am   2.   Januar   2014   von http://help.sap.com/saphelp_erp2004/helpdata/de/7c/c3e60666cd9147bb6242 dc6500cd77/content.htm

SAP AG, Quick Guide. (Juli 2013). Quick Guide - Rapid database migration of SAP NetWeaver BW to SAP HANA V2.10. Walldorf.

SAP AG, SAP Notes. (7. Oktober 2013). *SAP Note 1736976 - Sizing-Report für BW auf HANA*. Abgerufen am 5. November 2013 von https://websmp230.sap-ag.de/sap(bD1kZSZjPTAwMQ==)/bc/bsp/sno/ui_entry/entry.htm?param=6976 5F6D6F64653D3030312669765F7361706E6F7465735F6E756D6265723D31 37333639373626

Schröder, T. (2006). *SAP BW-Performance-Optimierung*. Bonn: SAP Press.

Wolf, F. K., & Yamada, S. (2010). *Datenmodellierung in SAP NetWeaver BW*. Bonn: SAP Press.

Zeier, A., & Plattner, H. (2011). *In-Memory Data Management - An Inflection Point for Enterprise Applications*. Potsdam: Springer-Verlag Berlin Heidelberg 2011.